APERÇUS

SUR LA SITUATION FINANCIÈRE

DE LA FRANCE,

EN 1819,

ET ANNÉES SUIVANTES.

APERÇUS

SUR LA SITUATION FINANCIÈRE

DE LA FRANCE,

EN 1819,

ET ANNÉES SUIVANTES;

Par Armand SEGUIN,

Correspondant de l'Académie royale des Sciences.

L'espoir, fondé sur des probabilités raisonnables, allège les maux, et donne le courage et les moyens d'en atteindre le terme.

PARIS,

IMPRIMERIE DE P. GUEFFIER.

1818.

AVERTISSEMENT.

L'espoir qui a servi de base à cet ouvrage est aujourd'hui réalisé.

Aux époques où il a été composé, et où son impression a été achevée, le cours de la rente était, à-peu-près, de 65. Prévoyant une amélioration, j'avais pris comme base de mes calculs celui de 70. Il s'est, depuis, élevé jusques à 80. En ce moment (premiers jours d'octobre) il est de 76. Ces variations me font sentir le besoin d'ajouter à mes résultats comparatifs établis au cours de 70, ceux dérivant des cours de 75, de 80, de 85 et de 90 : ils s'appliqueront alors à toutes les possibilités de circonstances. On en trouvera le rapprochement dans les dernières pages de l'ouvrage.

APERÇUS

SUR LA SITUATION FINANCIÈRE

DE LA FRANCE,

EN 1819,

ET ANNÉES SUIVANTES.

L'ON peut maintenant, sans se faire trop d'illusion, concevoir l'espoir que l'occupation étrangère cessera à la troisième année, et que la France connaîtra enfin, positivement, le terme et les limites de ses pénibles sacrifices.

Voici ce qu'on lit, à ce sujet, dans le discours prononcé à la Chambre des Députés, le 26 avril 1818, par le Ministre des relations extérieures :

« Le Traité du 20 novembre porte ces mots :

« « L'occupation militaire de la France peut finir au » » bout de trois ans. » »

» Ce terme approche, et tous les cœurs Français tres-» saillent de l'espérance de ne plus voir flotter, sur le sol » de la Patrie, d'autres bannières que les bannières fran-» çaises. »

La réalisation de cet espoir donnera la possibilité **de** diminuer de suite, et graduellement, les charges trop pesantes des contribuables.

Les élémens des mesures à prendre pour atteindre **ce** but étant à notre disposition, notre choix étendra ou resserrera notre bien-être ; et ce choix sera d'autant plus facile, que la comparaison de leurs résultats se trouvera mieux établie.

Tel est le plan que je me suis tracé.

Les dispositions de la loi du 25 mars 1817, relatives à la dotation de la caisse d'amortissement et à la vente des bois, sont ainsi conçues :

« 139. Les produits nets de l'enregistrement, du timbre
» et des domaines, et ceux des administrations des postes
» et de la loterie, sont affectés au paiement des intérêts
» de la dette perpétuelle, et au service de la caisse d'a-
» mortissement.

» La portion attribuée à cette caisse, dans lesdits pro-
» duits, est fixée à la somme de quarante millions.

» 143. Tous les bois de l'État sont affectés à la caisse
» d'amortissement, à l'exception de la quantité néces-
» saire pour former un revenu net de quatre millions de
» rente, dont il sera disposé par le Roi pour la dotation
» des établissemens ecclésiastiques.

» 144. La portion réservée sera prise dans les grands
» corps de forêts.

» 145. La caisse d'amortissement ne pourra aliéner
» les bois affectés à la dotation qu'en vertu d'une loi.
» Elle est seulement autorisée à mettre en vente, à partir
» de 1818, jusqu'à concurrence de cent cinquante mille
» hectares de bois, en se conformant aux formalités
» établies pour la vente des propriétés publiques. »

Pour démontrer l'influence de ces autorisations ulté-
rieures de nouvelles ventes sur le soulagement des
contribuables, j'établirai mes combinaisons sur ces deux
bases :

Aliénation, en huit années, à raison de 12,500,000 fr.
par année, des 150 mille hectares de bois dont la vente
a été ordonnée par la loi du 25 mars 1817.

Autorisation de vendre, en quinze années, les bois
affectés, par cette même loi, à l'amortissement.

La quotité des ventes de bois étant, dans ces combinaisons, le seul élément inégal, sera, dès-lors, la seule
cause de la différence des diminutions comparatives des
impositions.

En dernière analyse, cette question, qui, par ses conséquences directes et indirectes, mérite la plus sérieuse
attention, a pour résultat cette alternative :

On diminuera des trois quarts la charge de la dette que les contribuables doivent acquitter; ou on la leur fera supporter en totalité.

Si les bois sont vendus, leur produit éteindra la dette, et les contribuables n'auront à payer que le remplacement de leur revenu, qui ne s'élève qu'au quart à-peu-près des rentes qui la représentent.

Si les bois ne sont pas vendus, toute la dette, allégée seulement du revenu des bois, pesera uniquement sur les capitaux des contribuables actuels, et ce débours occasionnera, dans leur revenu, une diminution comparative trois fois plus considérable.

Tel est le point de vue matériel sous lequel se présente, pour les contribuables, la détermination relative aux bois.

Quant aux considérations morales, de convenances et de conséquences de cette détermination, elles ne doivent être raisonnablement et justement préjugées, appréciées et balancées, que par la sagesse du Roi et des Chambres.

Recettes et Dépenses fixes.

Dans mes combinaisons, je prends comme bases des recettes et des dépenses fixes, celles de la loi du 15 mai 1818; mais je supprime de la recette les 2,200,000 fr. que le Roi a encore daigné abandonner en 1818, et les 5,200,000 fr. de recouvremens accidentels.

On doit raisonnablement espérer que ces bases ne doivent que s'améliorer, ne fût-ce que par les extinctions de pensions et de rentes viagères.

Vente et revenus des Bois.

D'après le projet de Budget de 1818, la totalité des bois de l'État est de. . . . . . 1,271,258 hect.

Le prix moyen de leur vente est, d'après le même projet, de 589 fr. l'hectare; les 1,271,258 hectares représentent donc une valeur de. . . 748,759,182 fr.

Leur revenu net est, d'après le même projet, de 15,400,000 fr., ce qui fait à-peu-près deux pour cent du capital.

La loi du 25 mars 1817 a réservé, en forêts, quatre millions de revenus pour le Clergé. L'affectation à la caisse se trouve donc réduite à 11,400,000 fr. de revenu, qui, à raison de deux pour cent, donne un capital de 570 millions. C'est la somme que j'emploie dans le second tableau qui comprend la vente des bois disponibles. Dans le premier tableau, je ne porte que 100 millions de vente, en huit années. Dans l'un et l'autre cas, je diminue, des revenus des bois, ceux des portions vendues, calculés sur le pied de deux pour cent.

Voici les résultats de ces dispositions :

Encaissement de Ventes de Bois.

ANNÉES.	VENTE De 100 millions de Bois. Ier. TABLEAU.	VENTE De 570 millions de Bois. IIe. TABLEAU.
1819	12,500,000 fr.	20,000,000 fr.
1820	12,500,000	30,000,000
1821	12,500.000	40,000,000
1822	12,500,000	40,000,000
1823	12,500,000	40,000,000
1824	12,500,000	40,000,000
1825	12,500,000	40,000.000
1826	12,500,000	40,000,000
1827	»	40,000,000
1828	»	40,000,000
1829	»	40,000,000
1830	»	40,000,000
1831	»	40,000,000
1832	»	40,000,000
1833	»	40,000,000
TOTAL..	100,000,000 fr.	570,000,000 fr.

Encaissement des Revenus des Bois non-vendus.

ANNÉES.	VENTE De 100 millions de Bois. Iᵉʳ. TABLEAU.	VENTE De 570 millions de Bois. IIᵉ. TABLEAU.
1819	15,150,000 fr.	15,000,000 fr.
1820	14,900,000	14,400,000
1821	14,650,000	13,600,000
1822	14,400,000	12,800,000
1823	14,150,000	12,000,000
1824	13,900,000	11,200,000
1825	13,650,000	10,400,000
1826	13,400,000	9,600,000
1827	13,400,000	8,800,000
1828	13,400,000	8,000,000
1829	13,400,000	7,200,000
1830	13,400,000	6,400,000
1831	13,400,000	5,600,000
1832	13,400,000	4,800,000
1833 et suivantes.	13,400,000	4,000,000

Dotation de l'Amortissement.

Les sommes données à l'amortissement, depuis 1819 jusqu'en 1855, sont, dans mes combinaisons, de 40 millions par année, et forment un total de 600 millions, qui dépasse, ainsi que cela doit être, d'après l'esprit de la loi, les 570 millions de bois qui lui sont affectés.

Taux des Rachats, et des Rentes de l'arriéré.

Me rapprochant du cours actuel, je calcule les rachats de l'amortissement, et le paiement, en rentes, des 400 millions d'arriéré (maximum des reconnaissances de liquidation, délivrées ou à délivrer), au taux de 5 fr. pour 70 fr.

Rentes de l'arriéré.

Mes émissions de rentes pour les 400 millions d'arriéré, calculées sur le pied de 5 fr. pour 70 fr., sont ainsi qu'il suit :

1821.	5,714,000 fr. (1)
1822.	5,714,000
1823.	5,714,000
1824.	5,714,000
1825.	5,714,000
TOTAL.	28,570,000 fr.

Intérêts, à cinq pour cent, de l'arriéré.

Jusqu'au paiement de l'arriéré en rentes , j'en calcule les intérêts à cinq pour cent, ainsi que le veut la loi ; et, à chaque paiement en rentes, je diminue ces intérêts dans

(1) Pour moins fatiguer l'attention, je remplace, dans chaque énonciation de somme, les trois derniers chiffres , par des zéros; mais je dois prévenir que, dans la confection du travail, je n'ai pas négligé, dans les moindres détails, les plus légères fractions, qui, dès-lors, ont influencé les derniers résultats.

une proportion relative. D'après cette disposition, les paiemens, pour intérêts de l'arriéré, sont ainsi qu'il suit :

1819.	20,000,000 fr.
1820.	20,000,000
1821.	16,000,000
1822.	12,000,000
1823.	8,000,000
1824.	4,000,000

Paiemens annuels des Rentes pour arriéré.

Les paiemens à faire, pour l'émission des 28,570,000 fr. de rentes, pour les 400 millions d'arriéré, sont ainsi qu'il suit :

1821.

5,714,000 fr.

1822.

5,714,000 fr.
5,714,000
―――――
11,428,000 fr. . . . . . . 11,428,000 fr.

1823.

11,428,000 fr.
5,714,000
―――――
17,142,000 fr. . . . . . . 17,142,000 fr.

1824.

17,142,000 fr.
5,714,000
―――――
22,856,000 fr. . . . . . . 22,856,000 fr.

1825 et suivantes.

22,856,000 fr.
5,714,000
―――――
28,570,000 fr. . . . . . . 28,570,000 fr.

Extinctions de Rentes.

Je ne laisse pas capitaliser, jusqu'en 1834, par la caisse d'amortissement, le produit de ses achats.

Mes extinctions sont ainsi qu'il suit :

1822.	5,000,000 fr.
1827.	35,000,000
1834.	27,757,000
TOTAL.	67,757,000 fr.

Si ces extinctions n'avaient pas lieu, les sommes dont l'amortissement aurait la disposition, dans les cinq années du paiement de l'arriéré, approcheraient du montant de cet arriéré, ce qui serait au moins déraisonnable.

Frais de Négociations.

A partir de 1821, je réduis à 10 millions, ainsi que l'indique l'un des tableaux du Ministre, les frais de négociations du trésor.

Balances annuelles.

Chaque année, j'établis la balance entre la recette et la dépense, et j'en reporte le résultat à l'année suivante.

Composition des Tableaux.

Chaque année, je porte, dans chaque tableau, tous les élémens variables de la recette et de la dépense. Cette marche donne la facilité de comparer entr'eux, par année, les élémens analogues, sans occasionner d'altération dans les balances. On conçoit, en effet, que, portant en dépense les décharges accordées aux contribuables, qui, par contre, sont censés acquitter la totalité des impositions, on a un résultat égal à celui qu'on obtiendrait en diminuant les impositions du montant de ces décharges.

Ce motif, de mettre en évidence tous les élémens des balances, me fait porter, en recette et en dépense, les 14,380,627 fr. dont les centimes additionnels et les retenues sur les traitemens se trouvent allégés dès 1818.

Rentes acquises, ou vendues, en 1834.

Pour me trouver, à partir de 1834, dans une position dont les élémens ne soient plus variables, je transforme en rentes, au taux de 5 fr. pour 70 fr., l'excédent ou le déficit de 1833.

Extinctions de Pensions et de Rentes, viagères, en 1834.

En 1834, je porte, pour extinction de pensions et de rentes viagères, une somme de 15,000,000 fr. Ce n'est pas le quart de leur montant, taux bien inférieur à celui que donnerait, pour seize années de durée, l'ordre des probabilités.

Bases de la comparaison des quotités de Ventes.

Pour établir, en 1834, parité de comparaison entre les résultats dépendans de la quotité de ventes, je capitalise, à cette époque, les décharges d'impositions, au taux de 70 fr. pour chaque 5 fr., et j'y ajoute les capitaux, avec leurs intérêts calculés au même taux, des décharges antérieures.

Recette fixe, dans les deux Tableaux.

CONTRIBUTIONS DIRECTES.

En principal.
- Foncière . . . . 172.703.294 f.
- Personnelle et mobil. 27,161.254
- Portes et fenêtres . . 12,812.611
- Patentes 17,596,131

230,273,290 f.

En centimes additionnels de toutes natures. . 130,825,487

TOTAL des contributions directes. . . . . 361,098,777 f.

CONTRIBUTIONS INDIRECTES.

- Droit d'enregistrement. . . . . . 157.171.000 f.
- Postes. 21,840,000
- Loteries. 12,300,000
- Portion des coupes de bois consacrée aux frais de régie. 3,100,000
- Douanes. 60,243,000
- Sels. 43.000.000
- Boissons. 100 000,000
- Tabacs 66,000,000
- Poudres et salpêtres 5,000,000

468,654,000

PRODUITS DIVERS.

- Salines de l'est. 2,500,000
- Droits sur journaux et jeux. . . . 5,900,000
- Traites de Pondichery 2,500,000
- Recettes particulières du trésor. . 1,000,000
- Abonnement des villes pour casernement. 1,000,000
- Retenues sur traitemens 11,200,000
- Retenues sur pensions 1,200,000

25,300,000

ACTIF FICTIF.

- Balance des 13,480,627 fr. de décharges sur centimes d'impositions mobilières, en 1818, et des 800,000 fr. de diminution sur retenues de traitemens, pendant le même exercice. . . . 14,380,627

TOTAL. . . . . . 861,433,404 f.

Dépense fixe, dans les deux Tableaux.

Dette consolidée.	Cinq pour cent inscrits avant le premier novembre 1817	120,217,000 f.
	Solde de l'arriéré antérieur à 1810 . .	2,000,000
	Crédit de la loi du budget de 1818 . .	16,000,000
	Liquidations étrangères, pour solde.	16,040,000
	Crédit pour subvention de guerre. .	24,000,000
		178,257,000 f.
Dette viagère		12,800,000
Pensions	Civiles. . . . . 4,408,500 f.	
	Militaires 48,500,000	60,408,500
	Ecclésiastiques. 7,500,000	
Liste civile.	Le Roi. 25,000,000	
	La Famille royale. . . 9,000,000	34,000,000
Dépense du Clergé.		27,000,000
Dépenses des Chambres	des Pairs. 2,000,000	
	des Députés. 680,000	2,680,000
De la Justice.		17,300,000
Des Affaires étrangères.		7,650,000
De l'Intérieur.		78,836,126
Des Finances.	Frais de régie et autres . . . 123,627,645	
	Service général. 11,700,000	
	Cadastre 3,000,000	163,327,645
	Cautionnemens. 8,000,000	
	Frais de négociations . . . 17,000,000 qui, en 1821, seront réduits à dix millions.	
De la Guerre.		162,750,000
De la Marine		43,200,000
De la Police.		6,160,000
	Total.	794,369,271 f.

(MINISTERES)

Ier. TABLEAU.

Vente, en huit années, de 100 millions de Bois.

RECETTE.

ANNÉES.	EXCÉDENS en Recettes.	RECETTE fixe.	REVENUS de Bois.	VENTES de Bois.	Extinctions de Rentes.	Extinctions de Pensions	ACHATS de Rentes en 1834.	RECETTE totale.	DÉPENSE totale.	EXCÉDENS de la Recette.
	fr.	fr.	fr.	fr.	fr.	fr.	fr.	fr.	fr.	fr.
1819	»	869,433,000	15,150,000	12,500,000	»	»	»	897,083,000	894,369,000	2,714,000
1820	2,714,000	869,433,000	14,900,000	12,500,000	»	»	»	899,547,000	894,369,000	5,178,000
1821	5,178,000	869,433,000	14,650,000	12,500,000	»	»	»	901,761,000	894,083,000	7,678,000
1822	7,678,000	869,433,000	14,400,000	12,500,000	5,000,000	»	»	909,011,000	900,797,000	8,214,000
1823	8,214,000	869,433,000	14,150,000	12,500,000	5,000,000	»	»	909,297,000	902,511,000	6,786,000
1824	6,786,000	869,433,000	13,900,000	12,500,000	5,000,000	»	»	907,619,000	904,225,000	3,394,000
1825	3,394,000	869,433,000	13,650,000	12,500,000	5,000,000	»	»	903,977,000	905,939,000	»
1826	»	869,433,000	13,400,000	12,500,000	5,000,000	»	»	900,333,000	907,901,000	»
1827	»	869,433,000	13,400,000	»	40,000,000	»	»	922,833,000	918,507,000	4,326,000
1828	4,326,000	869,433,000	13,400,000	»	40,000,000	»	»	927,159,000	925,939,000	1,220,000
1829	1,220,000	869,433,000	13,400,000	»	40,000,000	»	»	924,053,000	925,939,000	»
1830	»	869,433,000	13,400,000	»	40,000,000	»	»	922,833,000	927,825,000	»
1831	»	869,433,000	13,400,000	»	40,000,000	»	»	922,833,000	930,931,000	»
1832	»	869,433,000	13,400,000	»	40,000,000	»	»	922,833,000	934,037,000	»
1833	»	869,433,000	13,400,000	»	40,000,000	»	»	922,833,000	937,143,000	»
1834 et suiv.	»	869,433,000	13,400,000	»	67,757,000	13,000,000	»	965,590,000	965,590,000	»

Iᵉʳ. TABLEAU.

Vente, en huit années, de 100 millions de Bois.

DÉPENSE.

ANNÉES.	EXCÉDENS en Dépense.	DÉPENSES fixes.	INTÉRÊTS de l'arriéré à 5 p. 100.	DOTATION fixe de l'Amortissement.	Diminutions d'impositions.	PAIEMENS pour rentes émises pour arriéré.	RENTES émises pour couvrir les déficits de 183?	DÉPENSE totale.	RECETTE totale.	EXCÉDENS de la Dépense.
	fr.	fr.	fr.	fr.	fr.	fr.	fr.	fr.	fr.	fr.
1819	»	794,369,000	20,000,000	40,000,000	40,000,000	»	»	894,369,000	897,083,000	»
1820	»	794,369,000	20,000,000	40,000,000	40,000,000	»	»	894,369,000	899,547,000	»
1821	»	787,369,000	16,000,000	40,000,000	45,000,000	5,714,000	»	894,083,000	901,761,000	»
1822	»	787,369,000	12,000,000	40,000,000	50,000,000	11,428,000	»	900,797,000	909,011,000	»
1823	»	787,369,000	8,000,000	40,000,000	50,000,000	17,142,000	»	902,511,000	909,297,000	»
1824	»	787,369,000	4,000,000	40,000,000	50,000,000	22,856,000	»	904,225,000	907,619,000	»
1825	»	787,369,000	»	40,000,000	50,000,000	28,570,000	»	905,939,000	903,977,000	1,962,000
1826	1,962,000	787,369,000	»	40,000,000	50,000,000	28,570,000	»	907,901,000	900,333,000	7,568,000
1827	7,568,000	787,369,000	»	40,000,000	55,000,000	28,570,000	»	918,507,000	922,833,000	»
1828	»	787,369,000	»	40,000,000	70,000,000	28,570,000	»	925,939,000	927,159,000	»
1829	»	787,369,000	»	40,000,000	70,000,000	28,570,000	»	925,939,000	924,053,000	1,886,000
1830	1,886,000	787,369,000	»	40,000,000	70,000,000	28,570,000	»	927,825,000	922,833,000	4,992,000
1831	4,992,000	787,369,000	»	40,000,000	70,000,000	28,570,000	»	930,931,000	922,833,000	8,098,000
1832	8,098,000	787,369,000	»	40,000,000	70,000,000	28,570,000	»	934,037,000	922,833,000	11,204,000
1833	11,204,000	787,369,000	»	40,000,000	70,000,000	28,570,000	»	937,143,000	922,833,000	14,310,000
1834 et suiv.	»	787,369,000	»	»	148,629,000	28,570,000	1,022,000	965,590,000	965,590,000	»

IIe. TABLEAU.

Vente, en quinze années, de 570 millions de Bois.

RECETTE.

ANNÉES	EXCÉDENS en Recettes.	RECETTE fixe.	REVENUS des Bois.	VENTES de Bois.	Extinctions de Rentes.	Extinctions de Pensions.	ACHATS de Rentes en 1834	RECETTE totale.	DÉPENSE totale.	EXCÉDENS de la Recette.
	fr.	fr.	fr.	fr.	fr.	fr.	fr.	fr.	fr.	fr.
1819	»	869,433,000	15,000,000	20,000,000	»	»	»	904,433,000	904,369,000	64,000
1820	64,000	869,433,000	14,400,000	30,000,000	»	»	»	913,897,000	914,369,000	»
1821	»	869,433,000	13,600,000	40,000,000	»	»	»	923,033,000	919,555,000	3,478,000
1822	3,478,000	869,433,000	12,800,000	40,000,000	5,000,000	»	»	930,711,000	925,797,000	4,914,000
1823	4,914,000	869,433,000	12,000,000	40,000,000	5,000,000	»	»	931,347,000	927,511,000	3,836,000
1824	3,836,000	869,433,000	11,200,000	40,000,000	5,000,000	»	»	929,469,000	929,225,000	244,000
1825	244,000	869,433,000	10,400,000	40,000,000	5,000,000	»	»	925,077,000	930,939,000	»
1826	»	869,433,000	9,600,000	40,000,000	5,000,000	»	»	924,033,000	936,891,000	»
1827	»	869,433,000	8,800,000	40,000,000	10,000,000	»	»	928,233,000	938,706,000	»
1828	»	869,433,000	8,000,000	40,000,000	10,000,000	»	»	927,433,000	926,412,000	1,021,000
1829	1,021,000	869,433,000	7,200,000	40,000,000	10,000,000	»	»	927,654,000	925,939,000	1,715,000
1830	1,715,000	869,433,000	6,400,000	40,000,000	10,000,000	»	»	927,548,000	925,939,000	1,609,000
1831	1,609,000	869,433,000	5,600,000	40,000,000	10,000,000	»	»	926,642,000	925,939,000	703,000
1832	703,000	869,433,000	4,800,000	40,000,000	10,000,000	»	»	924,936,000	925,939,000	»
1833	»	869,433,000	4,000,000	40,000,000	10,000,000	»	»	923,433,000	936,942,000	»
1834 et suiv	»	869,433,000	4,000,000	»	67,757,000	15,000,000	»	956,190,000	956,190,000	»

IIe. TABLEAU.

Vente, en quinze années, de 570 millions de Bois.

DÉPENSE.

ANNÉES.	EXCÉDENS en Dépense.	DÉPENSES fixes.	INTÉRÊTS de l'arriéré à 5 p. 100.	DOTATION fixe de l'Amortissement.	Diminutions d'impositions.	PAIEMENS pour rentes émises pour arriéré.	RENTES émises pour couvrir les déficits de 182?	DÉPENSE totale.	RECETTE totale.	EXCÉDENS de la Dépense.
	fr.	fr.	fr.	fr.	fr.	fr.	fr.	fr.	fr.	fr.
1819	»	794,369,000	20,000,000	40,000,000	50,000,000	»	»	904,369,000	904,433,000	»
1820	»	794,369,000	20,000,000	40,000,000	60,000,000	»	»	914,369,000	913,897,000	472,000
1821	472,000	787,369,000	16,000,000	40,000,000	70,000,000	5,714,000	»	919,555,000	923,033,000	»
1822	»	787,369,000	12,000,000	40,000,000	75,000,000	11,428,000	»	925,797,000	930,711,000	»
1823	»	787,369,000	8,000,000	40,000,000	75,000,000	17,142,000	»	927,511,000	931,347,000	»
1824	»	787,369,000	4,000,000	40,000,000	75,000,000	22,856,000	»	929,225,000	929,469,000	»
1825	»	787,369,000	»	40,000,000	75,000,000	28,570,000	»	930,939,000	925,077,000	5,862,000
1826	5,862,000	787,369,000	»	40,000,000	75,000,000	28,570,000	»	936,801,000	924,033,000	12,767,000
1827	12,767,000	787,369,000	»	40,000,000	90,000,000	28,570,000	»	958,706,000	958,233,000	473,000
1828	473,000	787,369,000	»	40,000,000	100,000,000	28,570,000	»	956,412,000	957,433,000	»
1829	»	787,369,000	»	40,000,000	100,000,000	28,570,000	»	955,939,000	957,654,000	»
1830	»	787,369,000	»	40,000,000	100,000,000	28,570,000	»	955,939,000	957,548,000	»
1831	»	787,369,000	»	40,000,000	100,000,000	28,570,000	»	955,939,000	956,642,000	»
1832	»	787,369,000	»	40,000,000	100,000,000	28,570,000	»	955,939,000	954,936,000	1,003,000
1833	1,003,000	787,369,000	»	40,000,000	100,000,000	28,570,000	»	956,912,000	953,433,000	3,509,000
1834 et suiv.	»	787,369,000	»	»	140,000,000	28,570,000	251,000	956,190,000	956,190,000	»

Amortissement, de 5 fr. par chaque 70 fr., avec dotation fixe de 40 millions par année.

ANNÉES.	DOTATION fixe.	SOMMES disponibles chaque année.	ACQUISITION annuelle de Rentes.	TOTAL des Rentes disponibles.
	fr.	fr.	fr.	fr.
1817	»	»	»	5,071,000 (1)
1818	40,000,000	45,071,000	3,219,000	8,291,000
1819	40,000,000	48,291,000	3,450,000	11,740,000
1820	40,000,000	51,740,000	3,696,000	15,436,000
1821	40,000,000	55,436,000	3,960,000	19,396,000
1822	40,000,000	54,396,000	3,885,000	18,281,000 (2)
1823	40,000,000	58,281,000	4,163,000	22,444,000
1824	40,000,000	62,444,000	4,460,000	26,904,000
1825	40,000,000	66,904,000	4,779,000	31,683,000
1826	40,000,000	71,683,000	5,120,000	36,803,000
1827	40,000,000	41,803,000	2,986,000	4,789,000 (3)
1828	40,000,000	44,789,000	3,199,000	7,988,000
1829	40,000,000	47,988,000	3,428,000	11,416,000
1830	40,000,000	51,416,000	3,673,000	15,089,000
1831	40,000,000	55,089,000	3,935,000	19,024,000
1832	40,000,000	59,024,000	4,217,000	23,240,000
1833	40,000,000	63,240,000	4,517,000	27,757,000

(1) Acquisitions en 1816 et en 1817.
(2) Défalcation faite d'une extinction de 5 millions.
(3) Défalcation faite d'une extinction de 35 millions.

Situation de la dette consolidée, à partir de 1819 jus-
qu'en 1834.

ANNÉES.	I^{or}. TABLEAU.	IIe. TABLEAU.
1819	178,257,000 fr.	178,257,000 fr.
1820	178,257,000	178,257,000
1821	183,971,000	183,971,000
1822	184,685,000	184,685,000
1823	190,399,000	190,399,000
1824	196,113,000	196,113,000
1825	201,827,000	201,827,000
1826	201,827,000	201,827,000
1827	166,827,000	166,827,000
1828	166,827,000	166,827,000
1829	166,827,000	166,827,000
1830	166,827,000	166,827,000
1831	166,827,000	166,827,000
1832	166,827,000	166,827,000
1833	166,827,000	166,827,000
1834 et suivantes.	140,092,000	139,521,000

Diminution annuelle des Contributions.

ANNÉES.	Ier. TABLEAU.	IIe. TABLEAU.
1819	40,000,000 fr.	50,000,000 fr.
1820	40,000,000	60,000,000
1821	45,000,000	70,000,000
1822	50,000,000	75,000,000
1823	50,000,000	75,000,000
1824	50,000,000	75,000,000
1825	50,000,000	75,000,000
1826	50,000,000	75,000,000
1827	55,000,000	90,000,000
1828	70,000,000	100,000,000
1829	70,000,000	100,000,000
1830	70,000,000	100,000,000
1831	70,000,000	100,000,000
1832	70,000,000	100,000,000
1833	70,000,000	100,000,000
1834 et suivantes.	148,629,000	140,000,000
Total...	998,629,000 fr.	1,385,000,000 fr.

Pour établir une comparaison exacte entre ces résultats, relativement à l'influence de la quotité de vente, il est indispensable de tenir compte des intérêts, représentés par la jouissance des diminutions d'impositions.

Je les calcule à 5 fr. pour 70 fr., comme pour l'amortissement.

Iᵉʳ. TABLEAU.

ANNÉES.	DÉCHARGES annuelles.	SOMMES disponibles, chaque année.	ACQUISITIONS annuelles de Rentes.	TOTAL des Rentes disponibles.
	fr.	fr.	fr.	fr.
1819	40,000,000	40,000,000	2,857,000	2,857,000
1820	40,000,000	42,857,000	3,061,000	5,918,000
1821	45,000,000	50,918,000	3,637,000	9,555,000
1822	50,000,000	59,555,000	4,254,000	13,809,000
1823	50,000,000	63,809,000	4,558,000	18,367,000
1824	50,000,000	68,367,000	4,883,000	23,251,000
1825	50,000,000	73,251,000	5,232,000	28,483,000
1826	50,000,000	78,483,000	5,606,000	34,089,000
1827	55,000,000	89,089,000	6,363,000	40,452,000
1828	70,000,000	110,452,000	7,889,000	48,342,000
1829	70,000,000	118,342,000	8,453,000	56,794,000
1830	70,000,000	126,795,000	9,057,000	65,851,000
1831	70,000,000	135,851,000	9,704,000	75,555,000
1832	70,000,000	145,555,000	10,397,000	85,952,000
1833	70,000,000	155,952,000	11,139,000	97,091,000
1834	148,629,000	245,720,000	17,551,000	114,642,000

Deuxième Tableau.

ANNÉES.	ÉCHANGES annuelles.	SOMMES disponibles, chaque année.	ACQUISITIONS annuelles de Rentes.	TOTAL des Rentes disponibles.
	fr.	fr.	fr.	fr.
1819	50,000,000	50,000,000	3.571.000	3.571,000
1820	60.000.000	63.571.000	4,541.000	8,112,000
1821	70 000 000	78.112.000	5.579.000	13,692.000
1822	75,000,000	88 692.000	6.395.000	20,027,000
1823	75,000,000	95.027.000	6,787,000	26,814,000
1824	75.000,000	101.814,000	7.272,000	34.087,000
1825	75.000.000	109.087,000	7.792,000	41,879,0000
1826	75,000.000	116,879,000	8,348.000	50.227,000
1827	90,000,000	140,227.000	10.016,000	60,244,000
1828	100,000.000	160.244.000	11,446.000	71.690,000
1829	100,000,000	171,689,000	12,264.000	83,953,000
1830	100 000,000	183,953,000	13,140,000	97.093.000
1831	100,000,000	197.093.000	14,078,000	111,171,000
1832	100,000.000	211,171,000	15,084.000	126,255,000
1833	100,000,000	226.255 000	16.161,000	142,415,000
1834	140,000.000	282,415,000	20,173,000	162.588,000

*Somme totale, en capital et intérêts, en 1835, des dimi-
nutions d'impositions.*

Ier. Tableau. { Rentes acquises par
décharges . . . . 114,642,000 fr.
{ Décharge en 1834 . . 148,629,000

TOTAL. . . . 263,271,000 f. à 70 f. 3,685,794,000 f.

IIe. Tableau. { Rentes acquises par
décharges . . . . 162,588,000 fr.
{ Décharge en 1834 . . 140,000,000

TOTAL. . . . 302,588,000 f. à 70 f. 4,236,232,000 f.

*Comparaison des bonifications résultantes, en 1835,
pour les contribuables, de la vente totale ou partielle
des bois,*

Vente de 570 millions de bois. IIe. tableau.

Bonification, en capital et intérêts. . 4,236,232,000 fr.

Vente de 100 millions de bois, Ier. tableau.

Bonification, en capital et intérêts. . 3,685,794,000

Différence en faveur de la plus forte

vente. . . . . 550,458,000 fr.

La vente qu'on pourrait se déterminer à faire, en 1835, des 470 millions de bois disponibles à cette époque, ne compenseroit que faiblement les avantages des plus fortes décharges par une vente plus prompte.

Supposons en effet que, en 1835, on encaisse, par vente de bois disponibles, 470 millions, et qu'on remplace leur 9,400,000 fr. de revenu par une égale somme de rentes, à 70 fr. par chaque 5 fr., on emploierait à cet achat une somme de 131,600,000 fr. On jouirait alors d'un égal revenu, et on aurait, en capital, un excédent de 338,400,000 f.

Cette bonification, par vente tardive, ne compenserait donc que faiblement la bonification de 550,452,000 fr. résultante de la vente totale comparée à la vente partielle.

Ainsi, lors même qu'on se déterminerait, en 1835, à vendre les 470 millions de bois conservés jusqu'à cette époque, les contribuables n'en auraient pas moins éprouvé une perte de 212,052,000 fr., résultante du retard de vente en temps opportun.

ARMAND SÉGUIN.

www.ingramcontent.com/pod-product-compliance
Lightning Source LLC
Chambersburg PA
CBHW061703050726
47598CB00004B/1650